ACADÉMIE DES SCIENCES, BELLES-LETTRES ET ARTS
DE SAVOIE

DISCOURS DE RÉCEPTION
DE
M. C. BLANCHARD

RÉPONSE
DE
M. GUILLAND
Lus dans la séance du 18 mars 1875.

ÉTUDE SUR TIMOLÉON CHAPPERON

CHAMBÉRY
IMPRIMERIE CHATELAIN, SUCCESSEUR DE F. PUTHOD
24, RUE DU VERNEY, 24.
—
1875

ACADÉMIE DES SCIENCES, BELLES-LETTRES ET ARTS
DE SAVOIE

DISCOURS DE RÉCEPTION

DE

M. C. BLANCHARD

RÉPONSE

DE

M. GUILLAND

Lus dans la séance du 18 mars 1875.

ÉTUDE SUR TIMOLÉON CHAPPERON

CHAMBÉRY
IMPRIMERIE CHATELAIN, SUCCESSEUR DE F. PUTHOD
24, RUE DU VERNEY, 24.

1875

ÉTUDE

SUR

M. TIMOLÉON CHAPPERON

Le 18 mars 1875, l'Académie a tenu, à l'Hôtel-de-Ville, une séance solennelle à laquelle tous ses membres effectifs, agrégés et correspondants avaient été invités ; l'assistance était nombreuse ; Mgr P.-A. Pichenot, archevêque de Chambéry, et M. le marquis de Fournès, préfet de la Savoie, membres agrégés de l'Académie, honoraient de leur présence cette fête de famille consacrée à la réception, comme membre effectif, de M. l'avocat Claudius Blanchard, de Chambéry.

Le récipiendaire a choisi pour sujet de son discours l'*Éloge de M. Timoléon Chapperon*, un des membres de l'Académie qui lui a fait le plus d'honneur. M. Blanchard l'a considéré principalement dans ses travaux historiques qui ont répandu un grand jour sur beaucoup de points obscurs de l'histoire de Savoie.

M. le docteur L. Guilland, l'ami intime de M. Timoléon Chapperon, avait été délégué par le président pour répondre au récipiendaire. Après avoir rappelé les titres de M. Blanchard au fauteuil académique, il fait connaître

M. T. Chapperon dans ses détails intérieurs, dont un ami seul a le secret, et il peint, en traits fidèles, l'administrateur, le député, l'ami, l'homme...

Ces deux discours se complètent l'un par l'autre et présentent, dans leur ensemble, une *Étude* achevée et sans lacune *sur la vie du savant modeste et infatigable* dont l'Académie regrette la perte récente. L'Académie en a voté l'impression dans ses Mémoires dans sa séance du 29 avril 1875.

Le secrétaire perpétuel,
F. Chamousset.

DISCOURS DE M. BLANCHARD

Monseigneur, Messieurs,

En venant occuper ce fauteuil envié auquel vos bienveillants suffrages m'ont fait l'honneur de m'appeler, il m'a paru qu'une des manières de vous témoigner ma gratitude serait d'esquisser la vie et les travaux d'un de mes prédécesseurs. En honorant sa mémoire, je rendrai par là même un hommage à la docte compagnie dont il fut membre, et à l'heureuse influence qu'elle exerce autour d'elle.

Mais bien des vides s'étaient faits parmi vous depuis quelques années et malheureusement je pouvais choisir. Je me suis arrêté à ce travailleur infatigable, d'abord encouragé par vos distinctions, puis devenu une de vos lumières, et qui dut à son culte pour l'archéologie le privilége d'entrer dans cette enceinte, comme le doit aussi celui qui a la faveur de porter la parole devant vous.

Timoléon Chapperon naquit à Chambéry le 31 mars 1808 de Louis-Marie Chapperon et de Jacqueline Sanctus[1]. Il

---

[1] Voir la note à la fin du discours.

reçut de son père, avoué des plus estimés, ces traditions de travail et de classification qui le distinguèrent toute sa vie. Déjà pendant ses cours de collége, sous la direction de M. l'abbé Rendu, le futur évêque d'Annecy, il se montra supérieur en tout, par le talent, la science, la maturité d'esprit, même par la littérature et la poésie, et « aussi sérieux qu'au moment où il retraçait les annales de Chambéry, » suivant l'appréciation d'un de ses anciens condisciples[1]. Il faisait dire à un de ses professeurs, M. Bulgher : « J'ai deux Chapperon dans ma classe, tous deux vaillants élèves et les premiers de mon cours ; mais entre le premier et le second, on en pourrait intercaler trente. »

Se destinant au cours de droit, il aurait obtenu par le concours une place au collége des Provinces, si cet établissement n'eût été réservé aux jeunes gens peu fortunés. Le 24 mai 1831, l'Université de Turin le proclamait docteur, et quand le double stage prescrit chez un ancien avocat et au bureau des pauvres fut accompli, le Sénat de Savoie, par décret du 14 août 1833 l'admettait « à postuler devant lui » pour me servir de la formule consacrée.

Néanmoins, il céda bientôt à ses études préférées. Un journal de Paris, *le Savoisien*, avait déjà publié les premiers essais du jeune écrivain de 23 ans, lorsqu'en 1837, parut le *Guide de l'étranger à Chambéry et dans les environs*.

L'histoire de Chambéry n'avait point encore été étudiée comme elle l'a été depuis lors par Ménabréa, le marquis Léon Costa de Beauregard et d'autres auteurs que je ne nomme pas parce qu'ils m'écoutent.

D'autre part, les libéralités du comte de Boigne venaient

---

[1] M. le chanoine Tournier, curé de la cathédrale de Chambéry.

de provoquer dans les établissements et dans les rues centrales de la cité un grand mouvement de transformation.

S'inspirant des données de Grillet, de Besson et même des écrivains fantaisistes ou crédules du XVIIe siècle, Fodéré et Rochex, Chapperon résume ce qui avait été publié sur les origines de sa ville natale, sur son histoire et ses monuments, puis il la décrit dans l'état où elle se trouvait en 1837. En judicieux observateur, il signale les améliorations qu'il voudrait voir introduire dans son administration et ses règlements. « La ville est percée de rues assez irrégulières, dit-il, comme on les traçait à une époque où chacun bâtissait à sa fantaisie, n'avait aucun contrôle à subir de la part de l'administration sur l'angle plus ou moins ouvert que sa maison formait avec celle de son voisin. Depuis quelques années on paraît avoir conçu le projet de parer peu à peu à ce désordre, en imposant un alignement et un plan à peu près général de façade à ceux qui veulent construire.

« Il y a quinze ans, on ne voyait à Chambéry qu'une rue qui fut droite, c'était la Juiverie [1]. »

La jeune génération de notre ville entend chaque jour les regrets de ses devanciers sur la disparition de la vie et de la prospérité qui animaient, avant 1848, nos rues et nos promenades, notre société de tir, nos salons et notre théâtre. Le *Guide de l'étranger* vient établir que ces regrets ne sont point l'écho d'une doléance habituelle sur le temps qui n'est plus, *laudator temporis acti*. « La ville, y lit-on en effet, s'agrandit considérablement depuis quelques années ; outre les constructions isolées qui ont lieu soit à l'intérieur, soit sur la lisière de son enceinte, on

---

[1] *Guide de l'étranger à Chambéry*, p. 42.

bâtit un quartier tout entier vers la caserne d'infanterie dans l'ancien clos de Sainte-Claire [1]. »

Plus loin, au chapitre consacré à l'industrie :

« Les fabriques se multiplient tous les jours dans son enceinte ou dans ses alentours.

« La plus considérable est la fabrique de gazes, connue dans toute l'Europe sous le nom de *Gaze de Chambéry*. Cet établissement déjà ancien a changé de propriétaire il y a quelques années. Son acquéreur, M. Martin, plus entreprenant que son prédécesseur, lui a donné une extension beaucoup plus grande. »

A l'entrée du faubourg Montmélian, à Maché, à Cognin, au fond du Verney, prospéraient huit manufactures de draps, de cotonnades et même de chapeaux de paille rivalisant avec ceux de Florence. Je mentionnerai encore une distillerie de sucre de betteraves, qui s'organisait en 1837, pour ne pas vous parler des tanneries, ni des usines qui subsistent encore aujourd'hui.

Avec un semblable élan industriel et l'absence de préoccupations politiques et sociales, on comprend l'animation, les agréments de la vie habituelle que regrettent les personnes qui en ont été les témoins et les acteurs.

Une revue sommaire des principales célébrités chambériennes termine la première partie de cet ouvrage consacrée à la ville proprement dite. On s'étonne de n'y point voir les noms du président Favre et de Joseph de Maistre.

Les environs de Chambéry forment le sujet de la seconde partie du *Guide*. L'auteur nous conduit aux Charmettes, à la cascade de Coux et jusqu'aux Portes de Chaille, en compagnie de Jean-Jacques Rousseau, à qui il donne très

---

[1] *Guide*, p. 142.

volontiers la parole; à la grotte des Echelles, avec Mme de Staël; à Montgex et à Bissy, avec Lamartine; à Bourdeau, avec Montaigne; au Bout-du-Monde, avec le souvenir d'Auguste Montgolfier, d'Annonay, qui y créa une papeterie en 1750 [1]; puis successivement, dans les localités dignes d'être signalées, au milieu de cette vallée, si riche de souvenirs, qui s'étend de la rive méridionale du lac du Bourget au massif de la Grande-Chartreuse. Par ses réminiscences du passé, il fait renaître la vie dans les manoirs abandonnés ou détruits, puis il charme votre imagination en vous communiquant ses impressions personnelles ressenties à la vue de ces horizons et de ces perspectives variant à chaque pas, en face d'une nature si plantureuse, si belle et si spéciale qu'elle revenait à la pensée de Châteaubriand, au pied du mont Taigète, et lui servait de terme de comparaison avec la plaine de Sparte.

Des aperçus économiques sur l'instruction publique décèlent le futur administrateur, comme les données sur les vestiges féodaux du bassin de Chambéry sont le premier jalon du grand ouvrage qu'il laissa malheureusement inachevé après y avoir consacré de longues années. Un style archaïque, en harmonie avec ses études préférées, donne à cette première publication une physionomie particulière.

Sa vocation archéologique était déterminée. Dès lors, il collabora à divers recueils, se formant ainsi à l'art difficile d'écrire. En 1842, un article biographique sur Albanis Beaumont qu'il fait naître à Bissy, et un autre sur le châ-

---

[1] D'après M. Barbier, cette usine aurait été établie, en 1740, par Claude Rosset, de Louex en Vivarais, et ne serait devenue la propriété de M. Auguste Montgolfier qu'en 1780. (*Savoie industrielle*, t. 1er.)

teau du Bourget, paraissaient dans la *Galerie savoisienne*. L'indignation de l'auteur à la vue de la destruction de cette ancienne résidence de nos comtes, dont les matériaux se vendaient comme pierres à bâtir, lui inspira des accents que nous aimons à reproduire, car nous n'en avons pas retrouvé de semblables dans ses œuvres :

« Adieu donc tous ces beaux donjons crénelés ; adieu salles aux festons somptueux ; adieu tourelles dont les lierres touffus déguisaient les ruines ; adieu paysage si pittoresque pour celui qui, par un temps d'orage, assis sur le sommet de la grande tour, contemplait la mêlée des nuages au-dessus du lac et le long des flancs décharnés de la montagne, et s'entourant du souvenir des anciennes légendes, croyait, à l'exemple d'Ossian, voir les ombres du comte Vert et de ses paladins revenir sur les nuées et renouveler leurs combats au-dessus des ruines qui en avaient été le théâtre. » (*Galerie savoisienne*, 1842, p. 72.)

Les années suivantes, le *Courrier des Alpes* donnait l'hospitalité dans ses colonnes à des études sur Reinerius, sur Saint-Maurice de Rotherens, sur Denis de Copponay; du Genevois, fondateur à Chambéry de l'Académie chimique ducale-royale de Savoie, en 1683. Mort octogénaire après avoir lutté longtemps pour obtenir l'entérinement de lettres patentes l'autorisant à établir son laboratoire d'où sortirent l'essence *d'os de cœur de cerf*, *la quintessence de perle d'Orient et de corne de licorne*, la panacée universelle, il avait publié un assez grand nombre d'ouvrages préconisant son système. Leur énumération, donnée à la suite de sa biographie, en complète l'intérêt et l'on n'est point surpris de la curiosité qu'elle excita.

En 1844, il adressait à cette Compagnie une note sur la

position de l'église Saint-Pierre-sous-le-Château, une des trois anciennes églises paroissiales de notre ville, puis un *fac-simile* de l'inscription de Lornay, près de Rumilly.

Vers cette époque paraissait une *Centurie de Nostradamus*; *l'Album savoisien* et *l'Album* de la Suisse romande recevaient ses communications. Dans ce dernier recueil fut publié un premier article sur les Montmayeur, sujet qu'il devait revoir en faisant jaillir une nouvelle lumière sur un lugubre événement lié au nom de cette famille.

La Concordia, de Turin, puis *la Savoie*, de Chambéry, et, quand le mouvement libéral qu'il avait salué avec enthousiasme eut franchi les limites dans lesquelles en homme indépendant il voulait se tenir, c'est-à-dire dès 1849, le *Courrier des Alpes*, l'eurent pour collaborateur assidu. Entré dans l'administration de la ville en 1848, pour y demeurer constamment et sous tous les régimes, il devint membre du Conseil délégué en 1851 et fut syndic de 1852 à 1853.

Mais il était digne d'occuper des fonctions plus importantes encore. Dès le 9 décembre 1849, le collége électoral de Rumilly le choisit pour député au parlement sarde à l'unanimité des suffrages, triomphe qui n'a que bien peu d'exemples. Il montra l'intérêt qu'il portait à ses commettants, en présentant à la Chambre un projet de loi dans le but de rétablir l'ancienne province de Rumilly, telle que l'avait constituée la loi du 8 novembre 1814. Le projet eut l'honneur d'être pris en considération; mais il se heurta contre des oppositions locales et ne fut point mis à exécution.

Aux élections de 1853, il se porta candidat au Pont-de-Beauvoisin, dont il fut le représentant jusqu'à l'annexion.

La presse périodique, les travaux du parlement, ne

remplissaient pas toutes les heures de sa vie laborieuse.

Il utilisa son séjour à Turin en allant puiser dans les précieuses archives de cette ville de nombreux renseignements, en y copiant extraits sur extraits, relatifs aux divers sujets qu'il avait en perspective, et qui, réunis au dépouillement de la bibliothèque Costa et des archives de notre ville, formèrent ces pages et ces volumes dont l'Académie est aujourd'hui en possession.

Au moment de l'annexion, un événement si important pour les destinées de son pays ne pouvait le laisser indifférent. Il envoya au journal qu'il soutenait de sa plume et de son influence, une série d'articles, serrés de faits et de chiffres, qui furent ensuite reproduits en brochure sous le titre la *Question savoisienne* et sans nom d'auteur.

Vos traditions ne vous permettaient pas de laisser votre aréopage fermé pour une intelligence si sûre d'elle-même et si persévérante dans le travail. Néanmoins l'initiation de Chapperon fut lente. Membre correspondant dès 1845, il ne devint aggrégé qu'en 1856 et effectif le 2 septembre 1858. Entré au bureau en 1861 comme secrétaire adjoint, il y resta ensuite comme trésorier jusqu'à sa mort. Vos diverses commissions purent bientôt profiter de ses lumières et de son activité ; et vos séances, de ses lectures fréquentes et variées.

Je ne m'étendrai pas sur ces communications que vous écoutiez avec tant d'intérêt, soit qu'elles eussent pour objet quelque épisode de l'histoire de Chambéry ou quelques traits des mœurs d'autrefois, soit qu'elles vous fissent connaître la généalogie et les blasons d'une famille jadis illustre aujourd'hui éteinte, ou bien encore l'étendue d'un fief et les divers droits qui en dépendaient.

Je me bornerai à rappeler son rapport sur la chapelle

du cimetière de Lémenc, son étude approfondie sur Jacques de Montmayeur et sur le drame légendaire dont le président de Fésigny fut la victime. Documents en mains, il montre la chronique côtoyant la vérité pendant tout le récit de cet épisode sanglant de notre histoire féodale, il établit la fausseté d'un grand nombre de détails consignés dans plusieurs ouvrages, et retrace des faits entièrement nouveaux : au lieu d'un château démantelé et rasé dont il ne reste que deux tours pour perpétuer le souvenir du châtiment, au lieu d'un puissant seigneur terminant ses jours en exil après avoir vu tous ses biens confisqués, il prouve que le comte de Montmayeur vécut encore vingt-cinq ans après la fin tragique de son ennemi, jouissant de tous ses biens et dignités [1]. Cette étude, d'un grand intérêt pour la connaissance des mœurs et des priviléges féodaux, a été appréciée et complétée par l'honorable rapporteur de la commission chargée de l'examiner, avec une autorité et une compétence qui m'obligent à passer outre.

Je citerai encore sa communication relative à la famille Du Laurens. Un livre intitulé *Une famille au* XVIe *siècle*, par lequel le savant et consciencieux moraliste d'Aix en Provence, M. Ch. de Ribbe, préludait à son important ouvrage sur *la Famille et la Société française avant la Révolution*, eut pour Chapperon le charme tout particulier de lui signaler l'histoire d'une famille savoisienne de Puguet, près de Chambéry. Une intéressante lecture vous fut faite à ce sujet le 2 mai 1867.

Je ne vous ai rappelé que ses communications sur des sujets spéciaux en dehors des travaux intérieurs de l'Académie. Vous avez entendu et je ne pourrais que diffi-

---

[1] VIII, *Compte-rendu*, LXXXI.

cilement vous entretenir de ses rapports comme membre de vos nombreuses commissions, et de l'influence qu'il eut dans vos délibérations quand il s'agit de revendiquer nos archives nationales qu'il connaissait si bien, d'insérer dans vos mémoires une nouvelle *Histoire de Savoie*, ou enfin chaque fois qu'une question importante était à l'ordre du jour.

Vous vous souvenez aussi, Messieurs, que le 8 mars 1863, une année et quelques mois avant de quitter un pays en pleurs et de laisser au milieu de vous une place qu'il sera toujours difficile de si bien occuper, le marquis Léon Costa de Beauregard offrait, — je pourrais dire *léguait* — à cette Académie une collection de chartes et documents concernant l'histoire de notre province. Dès que le donateur aurait préparé les matériaux des premières livraisons, une commission devait être nommée pour l'aider à réaliser cette grande œuvre si précieuse pour nos annales.

La mort le surprit avant ce premier triage. Une commission fut nommée pour l'opérer, privée de la direction si nécessaire du donateur et devant y suppléer à l'aide de ses seules lumières. Après un premier rapport lu à la séance du 28 février 1867, Chapperon, appelé à en faire partie, en présenta un second le 18 juillet suivant. — C'est le dernier que mentionnent vos comptes-rendus. Il vous fit ses adieux en vous parlant de l'objet de ses études favorites, de documents historiques.

Sa mort, arrivée le 22 octobre 1867, fut une véritable perte pour son pays. Depuis 1860, n'étant plus obligé de résider une partie de l'année à Turin, il se consacra plus spécialement aux affaires de sa ville. Une magistrature consulaire y ayant été établie par décret du 1er décembre 1860, les ressortissants furent très heureux de trouver réunies dans la même personne les qualités de commerçant et de jurisconsulte et de réaliser ainsi le *desideratum* de cette juridiction par analogie avec ce qui se pratiquait dans les provinces subalpines dont nous venions d'être séparés. Il fonda, on peut le dire, cette institution nouvelle qu'il présida depuis son organisation définitive (juillet 1861)[1] jusqu'au terme extrême permis par la loi (juin 1866), et au mois de décembre suivant, à l'occasion de l'installation de son successeur, il prononça un discours qui fit sensation et que n'aurait point désavoué un profond jurisconsulte.

La plupart des établissements financiers et des conseils d'administration de Chambéry le comptaient parmi leurs membres. Aussi son éloge funèbre put rappeler les titres suivants : docteur en droit, ancien député, ancien membre du Conseil provincial de Savoie, ancien président de la Chambre et du Tribunal de commerce, membre du Conseil municipal, ancien président du Conseil de surveillance de la Banque de Savoie, commissaire de la Caisse d'escompte et de la Caisse commerciale de Chambéry, censeur de la Succursale de la Banque de France, chevalier de la Légion d'honneur, officier d'Académie, membre effectif de votre Compagnie, correspondant du ministre de l'instruction publique pour les travaux historiques. Cet écrin d'honneurs était bien brillant; néanmoins, pour le

---

[1] Le premier décret nommant les membres du Tribunal de commerce de Chambéry est du 22 mai 1861 : président, M. Forest Guillaume; juges, MM. Python père, banquier, Chapperon Timoléon et Longue Joseph; suppléants, MM. Perreau Louis et Collomb Jean-Marie.

M. Forest ayant refusé la présidence, M. Chapperon fut nommé président par décret du 7 juillet 1861 et successivement par décret du 30 janvier 1864.

compléter et le protéger contre l'envie corrosive et dénigrante, j'ajouterai que Chapperon était seul à ignorer ce qu'il valait.

Au milieu de ses occupations aussi nombreuses que variées, il ne perdit jamais de vue cette science qui fut comme un phare dans sa vie, l'archéologie. Son ardeur à fouiller les archives et les bibliothèques lui permit de publier une œuvre qui transmit son nom à la postérité et l'inscrivit à côté des plus intrépides explorateurs de notre histoire locale.

Vous avez deviné le *Chambéry à la fin du XIVe siècle*. Cet ouvrage, vous l'avez connu les premiers, et je craindrais d'être inopportun en vous en parlant avec quelques développements, si mon devoir de biographe ne m'obligeait à m'arrêter à l'œuvre capitale du savant dont j'ai l'honneur de vous entretenir.

Le XIIIe siècle avait été une époque de transformations importantes pour la vie politique et sociale de Chambéry. Simple fief d'un seigneur particulier, cette bourgade était passée tout entière dans le domaine des comtes de Savoie, qui en firent leur capitale après l'avoir dotée de franchises. Aussi sa population croissante obligea le Comte-Vert, dans la seconde partie du XIVe siècle, à lui donner une enceinte nouvelle, qui engloba un grand nombre de constructions élevées en dehors de la précédente et qui ne fut achevée qu'en 1444. Pendant que ces travaux s'opéraient, dans les premières années du XVe siècle, Chambéry devint la capitale d'un duché en vertu d'un diplôme signé dans ses murs par l'empereur d'Allemagne en personne. C'est Chambéry pendant cette époque de développement, Chambéry, capitale des comtes de Savoie, que Chapperon a choisi pour sujet de son étude et il l'a menée à bonne fin, à l'aide des archives de la municipalité, de la préfecture et de celles de Turin dont les données furent complétées par d'autres recherches et par ses explorations personnelles. Il avait eu la bonne fortune pour un archéologue de connaitre notre agglomération avant ses derniers changements. Ceux d'entre vous, Messieurs, qui l'ont vue sous le premier Empire et sous la Restauration savent combien elle était moins différente du Chambéry au moyen-âge qu'elle ne l'est aujourd'hui. Bien des vestiges du xive siècle existaient encore à l'époque où l'un de ses enfants, — dont nous pouvons contempler les traits dans cette salle, — revenant du fond de l'Asie, chargé d'honneurs et de fortune, et voulant consacrer à son embellissement des sommes considérables, amena l'édilité de sa ville natale à la transformer progressivement et mérita l'honneur que ses concitoyens décernèrent à sa mémoire, en élevant un monument pour exposer ses trophées et en inscrivant son nom sur la principale artère de la ville.

La pensée fondamentale de l'ouvrage est tout entière dans ces quelques lignes de la préface : « J'ai cherché à reproduire le Chambéry de ce moment de transition (fin du xive siècle), avec ses rues, ses canaux, ses places, ses monuments, ses institutions, ses habitants, ses usages. J'ai dû, de temps à autre, sortir quelque peu de ce cadre, citer des faits qui ont précédé ou suivi d'assez loin la fin du xive siècle ; mais ils m'ont semblé n'être pas absolument étrangers à mon sujet et se trouver le plus souvent nécessaires à l'intelligence du tableau que j'ai voulu tracer. »

Ce tableau est rendu plus vivant et plus facile à saisir par deux plans reconstitués par l'auteur : l'un, de la ville proprement dite, avec les deux enceintes que vit le xive siècle ; l'autre, de ses environs, embrassant tout l'espace compris entre la chaîne du Nivolet, les lacs des Marches, d'Aiguebelette et du Bourget jusqu'à la hauteur d'Hautecombe, enrichi des noms des paroisses, hameaux, maisons fortes, châteaux et maisons religieuses, de l'indication des routes, des limites des franchises de Chambéry, beaucoup plus reculées qu'on ne le croit généralement. Elles comprenaient, en effet, tout le territoire enserré par une ligne droite idéale partant du Bourget, passant près du château de Montfort à Saint-Sulpice et tombant sur le pont de la Corbière jeté sur l'Hyères, en amont de la cascade de Couz; de là, elle formait un angle presque droit et rejoignait la Maladière d'Apremont pour revenir sur Triviers, le château de Chaffardon, Montagny, la rive nord du lac à Terrai-Nue et le Bourget.

A l'aide de divers documents contemporains et spécialement de l'acte de 1382 relatif à l'impôt du trezain et du toisage sur les maisons de la ville, il la reconstruit rue par rue, maison par maison. Comme Ampère et Dezobry rendant visite aux illustrations de l'ancienne Rome, Chapperon rencontre l'habitation des ancêtres de Guy de Fésigny, celles de Jehan Lageret, juge criminel de Savoie, condamné pour sorcellerie; d'Amédée du Benin, fondateur de l'Hôtel-Dieu; de Pierre et Louis Pingon, d'Antoine Bonivard, etc., etc.

Guide fidèle du voyageur dans la capitale des comtes de Savoie à la fin du XIVe siècle, il lui fait remarquer les fontaines, les édifices publics, sans oublier les hôtelleries sur lesquelles ses renseignements sont assez curieux. Ainsi le souverain, au lieu de descendre au château, s'arrêtait ordinairement à l'hôtellerie de l'Ange, où il logeait dans une simple chambre garnie.

La description de chaque monument principal est longuement et savamment retracée. Après l'église de Lémenc qui a la priorité par le privilége de son ancienneté, vient l'historique de celle de Saint-Léger.

Seule église paroissiale dans l'intérieur de la ville jusqu'à la construction de l'enceinte de 1371, elle était réellement un édifice municipal, et, comme les cathédrales des grandes cités, le centre de la vie religieuse et civile de la population groupée à l'entour. Dès 1394, elle fut dotée d'une horloge publique. C'était celle qu'Amédée VI avait fait placer au château en 1376, six ans après que Henri de Wic eut posé la première horloge sonnante au palais de la Cité, à Paris. Dans le clocher même, au-dessus des cloches, se trouvait le *gayte* chargé de veiller à la sûreté de la ville. Les comptes des syndics nous apprennent qu'il était tenu de réveiller cinq fois chaque nuit les gardes des trois portes de l'enceinte, en criant à haute voix, et qu'il devait en outre sonner la grosse cloche à l'heure accoutumée. Heureusement pour nos pères, leur vie plus active que la nôtre les plongeait la nuit dans un profond sommeil qui pouvait braver ces causes d'insomnie.

Le bourdon de Saint-Léger servait à des usages multiples. C'était à son appel qu'avaient lieu les convocations des habitants au grand Conseil, aux élections, à toutes les réunions publiques pour les affaires de la cité. Ces assemblées se tenaient dans l'église même quand elles devaient être très nombreuses, et dans le réfectoire ou dans une autre salle du couvent de Saint-François, quand elles étaient moins importantes. A Saint-Léger, se trouvait encore le livre des franchises de la ville, fixé par une chaîne de fer dans une sorte d'armoire ou retrait solidement établi en pierres de taille et dont les portes étaient doublées de fer.

L'ordre puissant des Templiers eut de bonne heure un établissement à Chambéry. Une chapelle située sur la place actuelle de l'Hôtel-de-Ville, dans le massif qui la sépare de la rue de Boigne [1], — le mamelon de Beauvoir où s'élevaient des constructions dont on reconnaît encore quelques vestiges, — lui appartenaient. La plupart de ses biens passèrent aux chanoines hospitaliers de Saint-Antoine. Ce nouvel institut paraît avoir eu pour chapelle primitive celle que nous venons d'indiquer à côté de laquelle il eut un hôpital. La maison de Chambéry, deuxième de tout l'Ordre et érigée en commanderie, vit bientôt ses propriétés s'étendre en même temps que son influence. Un second hôpital s'établit à la Madeleine près de Buisson-Rond; dans la ville fut bâtie une église aux dimensions bien plus vastes que la chapelle primitive, et dont la pureté du style gothique fait toujours regretter la démolition [2]. Possédant une assez grande étendue de terrain au centre de la ville, elle vendit aux syndics, en 1615, une parcelle de jardin destinée à devenir la place de Lans, du nom du gouverneur du duché qui sollicita cette acquisition. En 1777, l'Ordre de Saint-Antoine fut réuni à celui de Malte, et au moment de la Révolution, la ville payait encore à ce dernier une redevance pour la place de Lans.

Les nouveaux ordres religieux éclos sous le grand souffle monastique du XIIe et du XIIIe siècle s'étaient bien vite implantés sur le sol savoisien et s'y développèrent comme le grain de l'Evangile jeté sur une terre bien préparée. En 1210, Jean Bernardoni d'Assise, surnommé *François* à cause de ses relations avec la France, écrivait les statuts

---

[1] D'après Grillet, un Guillaume de Sales en était chapelain le 27 juillet 1211. *(Dictionnaire,* tom. III, p. 311.)

[2] Elle fut détruite en 1863 par l'établissement de la rue Favre.

d'une association qu'il avait fondée. Bientôt après, un premier noyau de frères mineurs se trouvait à Chambéry. A une église dont on ne peut fixer l'emplacement, décorée de peintures de Georges d'Aquila, succéda la cathédrale d'aujourd'hui, commencée en 1430, consacrée en 1488 par Jean de Compeys, archevêque de Tarentaise, et terminée en 1587, si l'on s'en rapporte à la date gravée au dessus de l'une des petites portes de la façade. En 1760, la démolition de l'église Saint-Léger ayant été ordonnée, les fonctions paroissiales furent célébrées à la Sainte-Chapelle, néanmoins l'église de Saint-François devint la principale de la ville et vingt ans après elle était érigée en cathédrale.

L'administration de la ville au moyen-âge devait éveiller particulièrement l'attention d'un de ses administrateurs modernes. Aussi cette partie a-t-elle été largement traitée, bien qu'elle se prêtât peut-être encore à de plus amples développements.

Rien n'était plus bigarré que l'ensemble des statuts et usages locaux pendant le moyen-âge. Non-seulement ils variaient de ville à ville, mais dans la même localité, ils subissaient de fréquents changements. Chambéry eut deux syndics à la tête de son administration depuis une époque très reculée. Le nombre et le mode de nomination des conseillers varièrent également plusieurs fois. Le 7 juin 1496, le duc de Savoie autorisa les syndics à choisir en présence du châtelain douze conseillers pris parmi les bourgeois notables de la ville, qui décideraient avec leur concours toutes les affaires dont la valeur ne dépasserait pas vingt-cinq florins. En outre, les syndics, toujours assistés du châtelain et de concert avec les deux tiers au moins de ces douze conseillers, en choisissaient vingt-huit autres, ce qui portait le nombre total des administrateurs à quarante-deux, c'est-à-dire à peu près au même nombre qu'en 1859 [1]. Cette assemblée pouvait décider toutes les affaires de la ville, comme si tous ses habitants étaient réunis.

Les syndics, nommés pour deux ans, rendaient un compte détaillé de leur administration à l'expiration de leurs fonctions. Le plus ancien compte remonte en 1348. Depuis lors, sauf quelques lacunes, tous ont été conservés. Chapperon donne en entier l'exposé de la gestion financière d'Antoine Ambroise et de Guigue du Pont, syndics de 1396 à 1398. Se soldant presque toujours par un déficit, ces comptes devaient être minutieusement justifiés, et les syndics étaient même quelquefois jetés en prison jusqu'au paiement des dettes de la communauté. Aussi, parmi les curieux articles relevés avec soin par notre patient investigateur, je ne puis m'empêcher d'en citer quelques-uns. Vous m'excuserez de descendre à ces détails.

Le 10 et le 16 octobre 1396, on a dû acheter de nouvelles cordes pour les cloches de Saint-Léger.

Le 14 juin suivant, une corde légère est achetée pour que Andrevet puisse sonner plus facilement.

De ces détails ressort la preuve d'un événement plus intéressant que la facilité avec laquelle le sonneur pouvait remplir son office, c'est la preuve que la mortalité avait été grande en 1396 et 1397.

Comme renseignement sur le luxe des croisées de cette époque, citons encore cet article :

« On a payé 3 d. gr. pour une aune et demie de toile pour garnir les fenêtres de l'horloge de Saint-Léger et les garantir contre le vent. »

---

[1] Il était alors de quarante.

Malgré l'exiguïté des ressources de la ville, un cadeau était offert habituellement aux personnages de distinction qui l'honoraient de leur présence. En 1398, la comtesse de Vellin, femme du gouverneur de la Savoie, devant arriver à Chambéry, on acheta dans la boutique tenue par les frères Bellenger, apothicaires, douze torches de cire, treize livres de confitures, que les syndics allèrent offrir à la noble dame.

L'examen des comptes des syndics fournit des éclaircissements sur tous les faits historiques qui intéressent la province. C'est ainsi que par l'énumération des dépenses faites à l'occasion du dernier duel judiciaire autorisé par le souverain entre Conon d'Estavayer et Othon de Granson, à la date du 7 août 1397, l'auteur a pu retracer l'historique de ce grand événement, d'après une source spéciale de documents.

Je passe sur bien d'autres enseignements que l'historien peut y puiser, et j'en finirai avec l'administration proprement dite de Chambéry, en vous rappelant que nos pères terminaient souvent les longues et laborieuses négociations par un joyeux banquet aux frais de la communauté.

Si de grandes divergences se révélaient dans les règlements et usages administratifs de chaque localité au moyen-âge, on ne sera pas moins surpris de la variété des répressions judiciaires. « On avait, dit Chapperon, montré une grande fertilité d'invention dans la diversité des peines corporelles mises en usage. Tel était pendu et étranglé; tel pendu (après décapitation) par les pieds ou par les épaules; tel autre était brûlé vif ; l'un était noyé; l'autre bouilli. A celui-ci on coupait la tête, le poing, l'oreille, le pied ou la langue ; à celui-là on perçait la langue ou l'on crevait les yeux. Tel autre enfin, comme Pierre de Comblou, meurtrier de Rodolphe de Chissé, archevêque de Tarentaise, était *tué pendant sept jours*, avec des détails de circonstances effroyables. » Je les abrége, Messieurs, en ajoutant seulement que son corps fut, en dernier lieu, coupé en quatre quartiers, destinés à être exposés dans quatre villes différentes des États.

Cette exposition des membres du supplicié avaient lieu fréquemment. Chapperon aurait pu ajouter que sept ans plus tard (1394), les rues de Chambéry étaient ensanglantées par le cadavre de l'assassin présumé du comte Rouge, attaché à la queue d'un cheval et traîné par la ville; puis ce cadavre informe fut divisé également en quatre quartiers, et Moudon, Yvrée, Avigliana et Bourg durent exposer celui qui leur fut envoyé. C'est ainsi que l'on comprenait l'exemplarité de la peine, pour parler le langage des criminalistes. Ils pourraient du reste parcourir le grand nombre de condamnations rapportées dans le *Chambéry au XIV° siècle*, et en faire le sujet de leurs études et de leurs réflexions.

Une partie très intéressante de l'ouvrage, — que vous m'excuserez d'examiner peut-être trop minutieusement, — est celle qui concerne la santé publique. Doit-on attribuer les fléaux incessants dont la ville était affligée pendant le moyen-âge, aux fréquentes inondations de la Leysse et de l'Albane, rivières que l'auteur croit avoir été beaucoup plus importantes alors qu'aujourd'hui, grâce aux nombreuses forêts qui couvraient leurs sources, — opinion qu'il eût peut-être modifiée s'il eût vécu le 18 janvier 1875 ? — Doit-on aussi les mettre à la charge des marécages qui se partageaient les abords de la ville avec les lits démesurément étendus de ces deux cours d'eau? Peut-être ces causes avaient-elles quelque influence. Néanmoins, la lèpre et la peste avaient une telle énergie dévastatrice qu'elles pouvaient difficilement être conjurées. En 1348, première année dont nous ayons les registres de comptabilité des syndics, la ville envoya auprès du comte de Savoie une députation pour demander justice des Juifs accusés d'avoir empoisonné les fontaines. Le nombre des feux diminue considérablement cette année-là. Dès lors, jusqu'en 1640, c'est-à-dire pendant près de trois siècles, il se passa rarement une période de dix années sans une visite de la peste ou sans une alerte à son sujet.

En 1412, la ville se dépeuple, les tribunaux sont fermés toute l'année. En 1436, les survivants de la ville et même de tout le mandement de Chambéry avaient pris la fuite, et, à raison de cet isolement, le château de Chambéry eut sa garde augmentée de quatre hommes. Trois ans après, les comptes furent réglés au Bourget, pour éviter le fléau.

En 1459, on renouvelle les processions au sanctuaire de Myans et dans toute la ville ; les archives ducales sont transférées à Montmélian. En 1485, tous les fossoyeurs sont morts et l'on doit en faire venir du dehors ; le vice-châtelain lui-même quitte la ville, laisse la garde du château à quatre hommes d'armes qui périssent à leur tour.

Une des dernières apparitions de la peste eut lieu en 1631. Elle fut si terrible que, du 15 mars au 4 octobre, toutes les réunions furent sévèrement défendues ; la moitié des hôteliers et des fournisseurs étaient morts, d'autres avaient pris la fuite ; le cours de la justice se trouva à peu près interrompu. Pour mettre le comble à cette calamité publique, l'égoïsme, la crainte, les préjugés faisaient séquestrer les infortunés pestiférés à l'hôpital de Paradis en dehors de l'enceinte de la ville, et surtout dans les *Chappits*, cabanes établies au Verney, sur l'emplacement du cimetière actuel, et au Colombier. On leur portait leurs aliments, mais ils ne pouvaient s'approcher des murs sous peine d'être *arquebusés*. Les liens de famille et d'affection étaient rompus; et ces usages barbares n'étaient adoucis que par quelques traits de généreux dévouement, comme il s'en rencontre à toutes les époques chez les peuples chrétiens.

Quant aux lépreux, ils étaient soigneusement exclus de la ville, où ils ne pouvaient entrer sous aucun prétexte depuis Pâques jusqu'à la Toussaint ; pendant ce temps, on désignait des personnes qui faisaient des quêtes en leur faveur.

La foi religieuse de cette époque était rendue plus ardente par suite de ces désastres. Outre les processions générales dont nous avons parlé, la ville fit vœu, en 1495, d'aller en pèlerinage à Notre-Dame de Mondovi. Ce vœu, souvent renouvelé et ajourné, ne fut exécuté qu'en 1604. Le 6 septembre, un cortège composé de plus de quarante personnes, parmi lesquelles se trouvaient trois syndics et le secrétaire de la ville, se mit en marche et arriva à Mondovi le 17. Le pèlerinage se termina par l'offrande d'une statue de saint Maurice en argent, et le vœu étant ainsi accompli, les pèlerins furent de retour le 30 septembre. La dépense s'éleva à 950 fl., environ 15,000 fr. de notre monnaie.

La conséquence du désordre provoqué dans la vie habituelle par l'épouvantail de la peste, par les inondations et les guerres, était une misère effrayante.

Déjà, en 1343, le comte Aymon avait ordonné par son testament de distribuer une aumône à quatre mille pauvres à Chambéry. Or, toute la châtellenie ne comptait alors que sept mille et quelques cents habitants ; la terre de Chambéry, deux mille deux cents environ. Mais nous devons nous hâter de le dire à l'honneur de nos compatriotes, alors comme aujourd'hui, il se trouvait des personnes généreuses qui employèrent une partie de leur fortune au soulagement des malheureux. Outre les hôpitaux ou maladreries d'Apremont, de la Madeleine, de Paradis, spécialement destinés aux lépreux, il y eut à cette époque dans la ville même ou près de ses murs, les hôpitaux des Antonin, de Bonivard, des Chabod, de Saint-Laurent, du Reclus, celui de Saint-François, fondé par Amédée du Benin vers 1370, et qui s'élevait sur l'emplacement occupé aujourd'hui par l'hôtel de la Métropole, en face de la cathédrale, et enfin l'*Hôpital neuf* ou des Pèlerins, fondé avant la fin du XIVe siècle, près de la porte de Maché, par Jehan du Rhône, marchand pelletier de Chambéry.

La science des monnaies au moyen-âge est un vrai labyrinthe, écrivait le grand historien moderne de la monarchie de Savoie, dont vous connaissez les travaux remarquables sur les valeurs d'échange au XIIe et au XIIIe siècles. L'Histoire de Chambéry se termine par un tableau du prix d'un grand nombre d'objets habituellement en usage, du montant des salaires et des traitements, indiqués en monnaies anciennes et en valeur actuelle ; étude aussi fastidieuse qu'utile et d'autant plus intéressante qu'elle exige une rare patience et un amour spécial des calculs.

Le style de l'auteur s'était sensiblement amélioré depuis ses premières publications. Si le *Guide de l'étranger à Chambéry* était comme le germe de l'*Histoire de Chambéry à la fin du* XIVe *siècle*, ce germe avait grandement fructifié au point de vue scientifique et au point de vue littéraire.

Je ne saurais mieux clore cet aperçu, trop long pour vous et trop court pour moi, de l'important ouvrage de votre collègue, qu'en vous rappelant les paroles de l'organe de la commission chargée de l'examiner : « La manière consciencieuse dont M. Chapperon écrit l'histoire, sa critique savante, le choix judicieux de ses matériaux, sont le plus sûr garant de l'authenticité des faits consignés dans son mémoire, appelé à être placé au premier rang des travaux qui font le bonheur des travailleurs et la gloire de leurs auteurs [1]. »

Cette appréciation fut sanctionnée au concours de la Sorbonne, en 1864. L'ouvrage mérita une médaille décernée à l'auteur et une autre destinée à l'Académie. Il aurait eu une récompense plus considérable, ajoutait le rapporteur, mais cinq ou six chapitres seulement rentraient dans les conditions du concours [2]. »

La variété et le nombre des sujets étudiés par Chapperon exigeaient des recherches considérables. On peut s'en rendre compte en lisant ses écrits, où les faits se déroulent serrés entre des généralisations concises et de courtes déductions, et où les peintures brillantes et imagées n'ont point accès. A chaque auteur ses mérites. « Il n'est pas ordinaire, dirons-nous avec Lacordaire, qu'un homme érudit soit un homme éloquent. La patience nécessaire à l'investigation des livres et des antiquités s'allie mal au feu qui jaillit d'une pensée créatrice : on n'aime pas quand on peut jeter des mondes dans l'espace par un souffle de sa vie propre, chercher péniblement sa route à travers des astres vieillis et trop souvent éteints [3]. » Mais nous ajoute-

[1] M. DE JUSSIEU, séance du 26 décembre 1861.
[2] *Mémoires de l'Académie*, deuxième série, t. VIII, p. cviii des *Comptes-rendus*.
[3] Notice sur Ozanam.

rons : Honneur à ceux qui ont assez de courage etde persévérance dans le labeur pour rendre la vie à ces époques ensevelies dans l'oubli, et dont la résurrection peut fournir d'utiles enseignements pour notre conduite à venir et glorifier la patrie ; honneur à ces hommes qui savent consacrer à la recherche de la vérité historique, sans s'inquiéter de leurs succès futurs, ces longues heures que tant d'autres consument inutilement dans l'oisiveté !

Différent en cela de beaucoup d'auteurs qui, en compulsant les bibliothèques et les archives, n'annotent que les passages destinés à un ouvrage en préparation et ne laissent après eux, à l'état de manuscrit, comme le regretté Burnier, qu'un petit nombre de pages toutes rédigées, Chapperon recueillait tout ce qui rentrait dans un cadre très vaste d'études relatives à la région de Chambéry et à toutes les familles seigneuriales de la Savoie. Il copiait par extrait ou en entier les livres qu'il ne pouvait se donner. Ainsi un de ses cahiers est une copie de divers articles du *Dizionario istorico e statistico degli Stati sardi*, de Casalis, ouvrage des plus intéressants pour nous et peu répandu en Savoie. Le *Pourpris historique de la maison de Sales*, les *Chevaliers de l'Annonçiade*, de Capré, remplissent quatre cahiers. Je pourrais encore citer d'autres copies, mais ces exemples suffisent pour vous donner une idée de la difficulté d'exprimer par une formule générale la valeur de ces manuscrits. Il faut nécessairement les décomposer.

Et d'abord, Messieurs, je ne puis vous taire mon étonnement à leur première vue. Leur accumulation vous désespérerait dans vos velléités de travail, si ce découragement ne se changeait bien vite en admiration devant la somme de labeur continu et intelligent qu'ils vous représentent. Vous en jugerez par le dépouillement sommaire que je tiens à mettre sous vos yeux pour faire connaître les richesses que l'Académie peut offrir aujourd'hui aux amateurs de notre histoire, grâce à la libéralité d'un de ses anciens présidents.

Je les diviserai en quatre sections, dans chacune desquelles je grouperai les différents manuscrits offrant le plus d'analogie par leur objet.

I. — État civil.

Appartenant à ce genre de compilation, se trouvent des registres de naissances, de mariages et de décès, qui étaient tenus dans les églises paroissiales et dans les couvents de Chambéry. — Ces résumés remontent à 1567 et sont suivis, sauf quelques courtes interruptions, jusqu'en 1860.

Vous savez, Messieurs, que ce fut en 1539, par l'édit de Villers-Cotterets applicable à tout le royaume, que fut ordonnée la tenue des registres de naissances et de baptêmes. La Savoie, unie alors à la France, participa à cette heureuse institution. Vingt ans après, Emmanuel-Philibert récupérait ses États. Au milieu des nombreuses améliorations qu'il y introduisit bientôt, il renouvela et étendit les prescriptions de Villers-Cotterets, en ordonnant que dans chaque paroisse serait tenu « un bel et bon registre des baptêmes, qui contiendra le temps et l'heure de la nativité avec le nom et le surnom des enfants baptisés; » et en outre, que dans ces mêmes cures, ainsi que dans les chapitres, colléges et monastères du ressort du Sénat, devait se trouver un registre des décès. Ce double registre sera signé chaque année par le curé ou par le sacristain ou notaire des communautés et remis au greffe des tribunaux du lieu [1].

Les registres de mariage ne furent prescrits que plus tard.

Le dépouillement opéré par Chapperon, embrassant toute la période dont il est possible d'avoir l'état civil officiel, remplit près de quarante cahiers. Une table alphabétique termine la plupart de ces recueils et rend les recherches très faciles.

Chambéry ne fut pas la seule ville dont il chercha à avoir sous la main toutes les familles et toutes les généalogies. Bissy, le Bourget, Tresserve, Aix, le Montcel, Pugny, Clarafond, Méry, attirèrent son attention, et il a laissé des résumés complets ou partiels de leurs registres paroissiaux.

Rien assurément n'est plus ingrat qu'un travail de ce genre. Des milliers de pages ne renfermant que des noms propres et des dates, écrites de la même main, en caractères constamment fermes et nets et presque sans ratures, forment un ensemble vraiment prodigieux.

Mais les chiffres, loin de le rebuter, l'attiraient. Semblable au mathématicien poursuivant, aux dépens de ses nuits et de ses forces vitales, la recherche d'un problème qui s'enfuit sous ses équations, Chapperon se plaisait à recomposer des généalogies, à faire revivre par le souvenir des familles dont les nombreux membres étaient disséminés au loin ou éteints depuis de longues années, comme encore à dresser des tableaux de statistique de la valeur comparative des monnaies, des mercuriales, etc., comme nous allons le voir.

---

[1] Style et règlement du Sénat, du 27 avril 1560, art. 380 et suivants.

II. — Comptes et Rôles.

Après les tables de l'état civil, je vous signalerai les copies ou résumés des comptes de la châtellenie de Chambéry de 1270 à 1503, ceux des syndics de 1352 à 1742, formant plus de deux mille pages.

Les rôles des gardes, des pauvres, des pestiférés, des hôtelleries, hôpitaux, etc., de 1577 à 1765.

Les mercuriales des blés vendus à Chambéry de 1652 à 1802. Il n'y manque que celle de 1722, « les registres ayant brûlé dans l'incendie de la grenette, » mais on y a suppléé par les prix de l'année précédente, qui étaient les mêmes. Cette copie est d'autant plus précieuse que, depuis l'incendie de notre théâtre (13 février 1863), la mairie ne possède que les mercuriales de 1850 à nos jours.

Un tableau de la valeur des monnaies d'argent depuis 1684 à 1715, exprimée en francs de France et en florins, extrait, comme les mercuriales, d'un manuscrit de M. Bataillard.

La série des évêques des quatre diocèses qui se divisaient la Savoie.

Un rôle de procès divers extraits de la Chambre des comptes, remontant à la période de 1322 à 1596, remplissant plus de dix-sept cents pages et classés, au moyen de tables chronologiques, par nature de délits, par localités et par juridictions.

Pour ne pas tout citer, je finirai par l'indication de nombreux rôles partiels des magistrats, des châtelains et autres comptables deçà les monts.

III. — Bibliographie savoisienne.

En dehors des nombreux extraits ou résumés d'ouvrages savoisiens épars çà et là dans ses registres d'annotations, nous trouvons une série de cahiers d'environ cent pages chacun, consacrés spécialement à la bibliographie. Quatre d'entre eux portent le titre : *auteurs civils*, deux : *auteurs ecclésiastiques*, et un dernier celui de : *auteurs anonymes* et *inscriptions*. L'étendue de cette catégorie de manuscrits qui ne m'avaient jamais été signalés, le nombre des auteurs relatés atteignant le chiffre de cinq cents, et l'utilité que l'on pourrait retirer de cette compilation avaient attiré particulièrement mon attention. Je m'efforçais d'en examiner le mérite.

Cette appréciation fut facilitée par une première découverte, c'est que sous le nom de Chapperon, inscrit en tête de plusieurs de ces cahiers, on pouvait encore lire celui de Montréal. J'étais donc en face d'une copie des notes de Montréal, dont la réputation de savoir ne vous est pas inconnue, et dès lors, pour connaître l'importance de cette copie, il fallait connaître le mérite de l'original.

Grillet, dans son *Dictionnaire historique des départements du Léman et du Mont-Blanc*, s'étend complaisamment sur les illustrations de la ville de la Roche. Ce sentiment patriotique n'est que très louable assurément; mais l'enfant de la Roche, à notre avis, eut dû laisser à d'autres le soin de publier minutieusement le titre de tous ses ouvrages, imprimés ou inédits, tant français qu'italiens, et notamment le titre du *Dictionnaire historique* de Jean-Louis Grillet. La gloire de son pays natal ne fut peut-être pas restée amoindrie pendant longtemps, et le personnage qu'il craignait de passer sous silence, en 1807, fut apparu quelques années plus tard, entouré d'un sentiment de délicate réserve qu'il ne peut plus revendiquer. Nous devons néanmoins lui rendre cette justice, c'est que le désir de faire connaître ses titres à la postérité ne l'a point amené à céler les sources où il a puisé. Immédiatement avant son nom, il a inséré celui de Montréal, alors juge de paix du canton de la Roche, sa patrie, et j'extrais de la notice qu'il lui consacre, les lignes suivantes :

« Montréal s'est beaucoup occupé, depuis nombre d'années, à rassembler une bibliothèque savoisienne qui contient près de cinq cent quarante-neuf ouvrages d'auteurs nés en Savoie. Il a réuni en deux volumes in-folio plusieurs *Notices bibliographiques et biographiques* relatives à l'histoire littéraire du pays, qu'il a eu la générosité de me communiquer et qui souvent m'ont été très utiles. » (III, 227.)

On peut s'en convaincre en parcourant son principal ouvrage, qui eût passé à la postérité avec le nom de son auteur, sans être annoncé, à la page 228 du IIIe volume et en le comparant avec les manuscrits Montréal-Chapperon. Plusieurs articles sont identiques ; tels sont, par exemple, ceux consacrés à Angley Guillaume, de Termignon, peintre de la cour de Philippe V ; à Pillet Claude-Marie ; à Treppier Michel, prédicateur et érudit célèbre au XVIe siècle, qui soutint des thèses à la Sorbonne dès cinq heures du matin à six heures du soir devant les ambassadeurs polonais, venus à Paris demander pour leur roi Henri de Valois. Ils en furent tellement enthousiasmés qu'ils voulurent le reconduire à son couvent en portant des rameaux à la main. — Le P. Roissard Nicolas, orateur d'un grand renom à l'époque de Louis XV, dont il devint le prédicateur ordinaire, etc.

Il serait néanmoins téméraire d'affirmer que Montréal ait toujours servi de guide au chanoine Grillet. Ainsi, la notice de ses mémoires concernant Frézier, ingénieur, né à Chambéry en 1682, d'une famille écossaise, paraît, au contraire, avoir été copiée sur le *Dictionnaire du Mont-Blanc et du Léman*, car Montréal, en renvoyant le lecteur à cet ouvrage, ajoute que Grillet avait tiré cette notice du *Nouveau Dictionnaire historique* de Moréry, et l'avait augmenté à l'aide de papiers de famille, communiqués le 20 mai 1790 par M. l'abbé Noyton; déclaration circonstanciée qui se trouve également insérée à la fin de l'article publié par Grillet et qui fait honneur à sa loyauté.

Certains articles sont plus développés dans le dictionnaire que dans les manuscrits; mais la plus grande partie s'y trouve au contraire plus ou moins abrégée et ordinairement mieux rédigée. Je citerai les notices concernant Fichet Guillaume, Fenouillet, d'Annecy, prédicateur d'Henri IV; le P. Chérubin de Maurienne, les principaux membres des familles Favre, de Sales, etc. Assez fréquemment, la communauté d'origine se révèle par la reproduction de phrases identiques; mais bien des détails omis par Grillet présentent assez d'intérêt pour que ces manuscrits puissent être souvent consultés avec fruit même relativement aux auteurs savoisiens, car il ne faut pas omettre qu'en dehors de ces auteurs, Montréal avait réuni des notes sur un grand nombre d'autres, se rattachant à la Savoie par le voisinage de leur pays d'origine ou pour avoir été appelés à y montrer leur talent, ou enfin parce que, d'après quelques écrivains, ils y seraient nés. L'ensemble de ces notes forme un dépôt d'indications très variées dont les biographes et les érudits peuvent se servir avec avantage et avec d'autant plus de sûreté que les sources y sont presque toujours indiquées.

Les principales sont la *Bibliothèque française* de Lacroix du Maine, le *Syllabus scriptorum pedemontanorum* de Rossotto, les *Scrittori savoyardi* d'Augustin della Chiesa, l'*Histoire littéraire* de Genève et les manuscrits de Senebier, les *Dictionnaires historiques* de Bayle et de Moréry, le *Gallia christiana*, etc.

A la suite de ce recueil, se trouve un travail qui m'a paru plein d'intérêt à raison du sujet lui-même et du contrôle personnel que M. Chapperon lui a imprimé. C'est un tableau généalogique de la famille de Sales avec des notices sur les principaux personnages allant de l'an 1000 à nos jours. Avant de reprendre l'examen du travail sur les fiefs du bassin de Chambéry, sur lequel la commission n'a point encore présenté de rapport et qui occuperait une place considérable dans vos mémoires, ne serait-il pas à propos de confier à cette même commission le manuscrit que je signale, avec charge de le compléter au besoin, afin de lui faire l'honneur d'une publication immédiate? L'Académie rendrait ainsi un premier hommage à ce précieux héritage d'érudition d'un de ses membres les plus regrettés, et, en même temps, elle s'attirerait la reconnaissance du pays en jetant un nouveau jour sur la famille de Sales, dont le nom, inséparable de celui de Savoie, entoure notre province d'une auréole de sainteté, de patriotisme et de gloire littéraire qui s'illumine et grandit chaque jour.

IV. — Féodalité.

Mais la pensée qui inspire le plus grand nombre de ces volumineux cahiers concerne la féodalité en Savoie. C'est là surtout que l'on peut se rendre compte de la ténacité, de la patience et de l'esprit de suite de ce valeureux pionnier de l'archéologie.

Armorial donnant la description de deux mille trente-sept blasons et la figure coloriée d'un certain nombre ; lettres de noblesse ; série des familles nobles des anciennes provinces du duché, qui forme à elle seule un manuscrit de quatre cents pages ; titres des fiefs avec juridiction des châteaux et maisons fortes sans juridiction ; titres de reconnaissances et d'investitures féodales ; revenus des juridictions ; servis ecclésiastiques et féodaux divisés par province et par commune, d'après les travaux du cadastre et des affranchissements qui eurent lieu au siècle dernier ; trois forts cahiers de consignements opérés de 1758 à 1776 ; dépouillement des registres des lettres patentes déposés aux archives du Sénat de Savoie, de 1561 à 1792, formant un volume de mille pages ; autre sommaire de lettres patentes de 1333 à 1386, l'un et l'autre accompagnés de tables alphabétiques, et enfin rédactions terminées ou très avancées ; tels sont, très sommairement énoncés, les matériaux laissés par M. Chapperon sur la féodalité. Ils forment plus de cinq mille pages.

C'est par ces recherches préliminaires qu'il préparait un grand ouvrage sur les fiefs de Savoie, appelé à recevoir les applaudissements du public érudit et de tout enfant de notre province désireux de connaître, à l'aide de documents et non point au moyen de généralités banales, les conditions dans lesquelles vivaient ses ancêtres. On peut se figurer les renseignements indéfinis qu'on y aurait rencontrés, combien de noms, de dates, de faits, intéressant surtout les familles seigneuriales, s'y seraient pressés sous la plume concise de l'auteur. Lui-même vous en a lu de nombreux extraits et je devrais vous laisser avec vos propres souvenirs. Néanmoins j'essayerai de vous en présenter un très court aperçu.

Pour s'orienter dans ce réseau inextricable de souverainetés, de priviléges, de droits, de redevances, de servis et autres sujétions féodales, Chapperon commence par sa terre natale, et, allant du centre à la circonférence, il groupa successivement les fiefs du bassin de Chambéry, du bassin d'Aix et ceux du Petit-Bugey. Ces trois séries offrent des matériaux assez nombreux pour retracer la monographie de chaque seigneurie, néanmoins celles du bassin de Chambéry ont été plus étudiées, et celles-là seulement, si je ne me trompe, avaient été déposées sur le bureau de l'Académie. C'est aussi dans cette catégorie qu'il choisissait ses lectures; vos comptes-rendus en relatent vingt-quatre, relatives à Vermont, à Buisson-Rond, à Montgex, à Bonnet, à Montgelas, aux Charmettes, à Chanaz, à Saint-Cassin, à la Biguerne, aux Marches, à Apremont, à Challes, aux différentes seigneuries de Saint-Alban et de Bassens, à Salins, à Puisgros, à Saint-Michel des Déserts, à Méry, à Candie, probablement, en un mot, à toutes les seigneuries dont la rédaction était achevée et que l'ordre du jour de vos séances lui avait fourni l'occasion de vous exposer.

L'ensemble de ce travail aurait été précédé d'une carte féodale dont le projet se trouve dans le manuscrit, accompagné du tableau indicatif des fiefs qu'elle aurait compris, et en outre de l'exposé de la division des États de Savoie en baillages et en châtellenies.

Le bassin de Chambéry, à raison de son intérêt et de son importance au point de vue de l'histoire féodale, a reçu de l'auteur de grands développements et a été divisé en trois sections :

1° Fiefs avec juridictions ; 2° fiefs ou maisons fortes sans juridiction, et 3° rentes féodales simples qui ne peuvent rentrer dans ces deux précédentes sections. C'est la division du *Sommaire des fiefs*.

Chambéry ayant trouvé place, tant au point de vue féodal qu'à tout autre de son histoire, dans le bel ouvrage que l'auteur lui avait consacré, ne figure point parmi les fiefs de sa région. Le plan suivi pour la monographie de chaque fief est ordinairement celui-ci : sommaire chronologique des titres connus, présenté sous forme de précis historique; état actuel du fief; énumération des diverses rentes ecclésiastiques et féodales qui s'y percevaient; notices sur les familles qui s'y sont succédé, leurs blasons et leurs généalogies. Quand à la seigneurie était attaché le privilége de rendre la justice, l'auteur a soin d'indiquer la nature, le degré et les limites territoriales de la juridiction et souvent l'analyse des procès qui s'y débattirent. Enfin des observations sur les curiosités naturelles et la beauté du site terminent quelques-unes de ces monographies féodales.

Comme vous le devinez, l'auteur n'a pu les rendre aussi complètes qu'à l'aide de renseignements pris à des sources diverses. Le *Sommaire des fiefs*, l'*Indice di Savoia* et les autres registres et documents des archives de la préfecture de notre ville lui ont donné le plan et bien des renseignements qu'il s'est appropriés ; mais les archives de Turin, les auteurs nationaux, ses recherches personnelles sur les familles savoisiennes, l'ont puissamment secondé. D'après l'examen sommaire qu'il m'a été possible de faire, je crois qu'on peut apprécier la valeur de cette compilation, par les paroles mêmes que le rapporteur de la commission, chargée d'examiner l'*Histoire de Chambéry*, adressait à l'Académie à propos de ce dernier ouvrage : La critique savante et consciencieuse de l'auteur, le choix judicieux de ses matériaux, sont le plus sûr garant de l'authenticité des faits consignés dans son travail.

Malheureusement, fidèle à son système, l'auteur ne cite pas les sources auxquelles il a puisé. Il lui arrive quelquefois, comme par oubli, de signaler les archives de Cour ou de la Chambre des comptes, Guichenon, Capré ou quelque autre auteur, mais ce n'est que par exception. Probablement il eût indiqué, d'une manière générale, dans sa préface, les dépôts qu'il avait compulsés et les principaux ouvrages qui lui avaient servi, comme il le fit dans son *Chambéry au xive siècle*, où il déclare que les éléments de son mémoire ont été tirés des archives de l'Hôtel-de-Ville et des archives de Turin, et qu'il croit inutile de surcharger le bas de chaque page de renvois aussi encombrants qu'inutiles, car personne ne vérifie les sources ; mais là se seraient bornées ses indications, et aujourd'hui il est assez difficile de contrôler sérieusement ce volumineux travail.

Mais l'érudit possédant quelque autorité de critique pourra très utilement consulter l'ensemble de ces manuscrits, car il faut les avoir parcourus pour se rendre compte des trésors de renseignements qu'ils renferment, à tel point que tout historien de notre province serait téméraire de ne point les examiner avant de mettre la dernière main à une publication.

Aussi le souvenir qui me restera de leur auteur et qui domine tous les autres, sera celui d'un rare, très rare travailleur doué d'un esprit de suite remarquable.

Je termine, Messieurs, en exprimant mes regrets de n'avoir eu avec Timoléon Chapperon que des relations trop éphémères et sans but scientifique. Attiré vers lui par une similitude de tendances archéologiques, j'eusse trouvé un maître des plus utiles sur les traces duquel je voudrais marcher, mais dont la puissance de travail m'effraie. En m'admettant dans la Compagnie dépositaire du fruit de ses recherches, vous m'avez au moins permis d'en profiter et de suppléer, dans une certaine mesure, par leur étude froide et silencieuse, aux communications et aux conseils transmis avec ce tour piquant et original dont il avait le secret.

RÉPONSE DE M. GUILLAND

Monseigneur,
Messieurs et chers Confrères,

Lorsque je reçus le dépôt qui vient d'être magistralement inventorié devant vous, je crus interpréter les sentiments de celui qui l'avait amassé, en installant ces précieux cahiers à une place d'utilité et d'honneur, dans vos archives, où leur présence suppléerait, en quelque manière, au départ prématuré de celui qui fut longtemps votre auxiliaire dans vos doctes recherches. Dès ce moment, vous m'aviez confié le soin de préparer à sa mémoire un hommage de reconnaissance, d'estime et d'affection. En déléguant à cette fin l'ami plus intime, et non quelqu'un de ses pairs en science historique, vous aviez voulu, (et je l'avais bien compris), non pas seulement entendre apprécier le savant, mais surtout perpétuer parmi vous le souvenir de l'homme tout entier. Pour la plupart d'entre vous, en effet, il avait été plus qu'un collègue, plus qu'un collaborateur... C'est à ce titre que j'acceptai votre mandat : il m'était si doux de fouiller dans ces souvenirs, de retrouver mon ami, de recomposer avec ses pages quelques-unes de ces heures qui passaient si vite auprès de lui ! Et je m'y attardais à plaisir ; et j'en oubliais presque

que vous m'attendiez ; puis aussi, plus je sondais ces richesses, et moins j'en atteignais le fond.

Cependant, depuis quelques années, joignant, comme Chapperon, aux lumières du jurisconsulte et aux soins du magistrat, les aspirations du savant et le culte de la petite patrie, un autre archéologue remuait nos archives avec une amoureuse ténacité. La presse périodique, le *Courrier de Savoie* surtout, avait reçu ses premières confidences sous le pseudonyme de *Dupricuré*. Des travaux de plus longue haleine avaient enrichi les mémoires de notre sœur cadette, la Société d'histoire et d'archéologie ; et celle-ci en avait reconnu le mérite en conférant à leur auteur sa vice-présidence. L'une de vos études, monsieur et cher confrère, sur *les Juges seigneuriaux en Savoie au milieu du* XVIIIe *siècle*, révélait un héritier direct de ce procédé consciencieux et patient, qui sait épuiser un sujet, l'envisager sous toutes ses faces, et peut mettre la preuve au bas de chaque assertion.

Pressentant en vous un successeur au fauteuil de Chapperon, l'Académie vous nommait correspondant peu de mois après sa mort. Agrégé le 21 mars 1872, vous en étiez encore à ce degré d'association qui précède le dernier, lorsque, impatiente d'utiliser votre expérience déjà grande et votre bon vouloir, l'Académie vous appelait au sein de la commission pour les documents Costa, et vous envoyait à ce titre interroger les archives de Turin.

Vint notre concours archéologique de 1873, et votre *Histoire d'Hautecombe* était proclamée au premier rang hors ligne. Cette œuvre avait tenu et dépassé toutes les promesses de la première partie publiée en 1867. Pour l'analyser dignement, je devrais reprendre les appréciations hautement compétentes et spirituellement animées du rapporteur qui parlait à cette place, le 22 janvier 1874; mais elles sont encore présentes à l'esprit de tous ceux qui m'entendent; et il me suffira de dire que cette étude capitale et achevée vous classait désormais parmi nos historiens nationaux, comme *Chambéry au* XIVe *siècle* y avait inscrit Chapperon.

Attiré personnellement vers vous, Monsieur, par l'amitié qui unissait jadis nos aïeux, lorsque vous avez franchi le seuil de notre compagnie, au respect pieux avec lequel vous m'interrogiez sur le trésor de votre devancier, et cherchiez le secret de sa singulière puissance de travail, j'ai senti que le biographe disert, sobre et ému d'*Eugène Burnier* avait le droit d'être aussi celui de Chapperon.

Vous venez de le prouver, et il n'y a rien à ajouter à votre étude du savant : vous avez dit ce que permettaient les bornes d'un discours, et vous avez jalonné d'une main sûre les voies où vous n'aviez pas le temps ou la volonté de vous engager.

Mais, en se dessaisissant en ma faveur de l'honneur et du plaisir de vous répondre aujourd'hui, notre cher président n'a pas entendu seulement faire envers moi un de ces actes de courtoisie affectueuse auxquels il nous a habitués : il a voulu me rappeler que l'Académie n'avait pas renoncé à évoquer ici l'homme et l'ami, dont le cœur et le caractère égalaient l'intelligence.

Mes souvenirs personnels, si vifs soient-ils, ont encore été complétés, au besoin contrôlés et rectifiés par les *Éphémérides* de Chapperon. Ces notes qu'il m'a été permis d'interroger à loisir avant qu'elles fussent remises à leur destinataire, commencent à la date de la fameuse invasion des Voraces, par une revue rétrospective de la promulgation des Réformes et du Statut; elles se continuent dès lors jour par jour soit à Turin, soit à Chambéry, et ne s'arrêtent que dix jours avant sa mort. Elles abondent d'abord en appréciations personnelles des événements et en détails autobiographiques; puis, peu à peu, chaque jour n'est plus représenté que par une ou deux lignes ; le chroniqueur s'efface ou ne révèle son impression que par un mot, moins qu'un mot, un détail de ponctuation, un signe d'exclamation ou de doute. Mais cela lui suffit pour définir la portée du fait; appliquant aux choses et aux hommes « cet amour du chiffre » qui nous était signalé tout à l'heure, l'écrivain consigne dans son *livre de raison* le nombre des votes acquis à une élection, celui des lampions allumés pour une manifestation, ou des danseuses intervenues à un bal officiel... méthode numérique plus significative que toute appréciation individuelle.

Avec ces notes et nos souvenirs à tous, nous pouvons essayer ce jugement que l'ancienne Égypte imposait à ses morts, et trouver la clef de certaines contradictions apparentes.

Ce qui frappe au premier abord, c'est la lenteur de l'entrée de Chapperon dans les diverses sphères où devait se mouvoir son activité. A l'Académie, à la Municipalité, à la Chambre, partout il arrive, mais partout avec des retards qui surprennent un instant, surprise qui s'accroît encore en voyant partout son succès du lendemain. Qu'est-ce à dire? Félix Platel a écrit dans ses intéressantes *Causeries franco-italiennes* : « Financier habile, administrateur
« et savant, homme de beaucoup de cœur et d'esprit, le
« député Chapperon a le défaut de beaucoup de Savoi-
« siens : il a, dit-on, un mauvais caractère, ce défaut, je
« dirai même cette qualité des natures fortes... »

Chapperon avait, en effet, besoin d'être pratiqué pour être connu : les débuts ne lui étaient pas favorables. Ses yeux myopes dissimulés derrière des lunettes bleues n'apportaient pas à ses paroles ce complément qui confirme, double ou adoucit leur signification. D'une rude franchise, s'il ne disait jamais le contraire de sa pensée, presque aussi rarement la livrait-il tout entière. Prenant peu de part aux conversations générales, il préférait écouter, et noter ce qu'il entendait dans son inexorable mémoire. Cette réserve tenait à son caractère concentré, à sa première éducation solitaire, à certaine indépendance ombrageuse en garde contre toute éventualité d'empiétement, et aussi à certaine méfiance de lui-même. Ayant horreur du convenu et des lieux communs, coupant court par un mot brusque ou ironique à ces banales entrées en matière qui précèdent toujours et constituent souvent les conversations, ne faisant aucune acception de personnes, ne permettant pas à son interlocuteur le moindre écart de logique et le ramenant implacablement à la question, Chapperon inspirait d'abord à ses égaux certaine crainte. Hâtons-nous de signaler une nuance caractéristique : ce sentiment presque méfiant n'était point partagé par l'homme du peuple ni par l'enfant; ceux-là, à travers la brusquerie de la forme, allaient droit au fonds, et comprenaient instinctivement que ce fonds était bon et généreux.

Ici, Messieurs, à l'Académie, dans ce cercle intime qui est presque une famille, nous avons tous apprécié et expliqué ces contrastes d'une physionomie difficile à analyser; et parlant à ceux qui l'ont bien connu, M. Blanchard a pu faire son plus bel éloge, sans être soupçonné d'épigramme, quand il a affirmé que « Chapperon était seul à ignorer ce qu'il valait. » Vous avez ratifié ces paroles;

car vous vous souveniez de sa manière large d'entendre l'esprit de corps, de son obligeance sans bornes, « de son amitié généreuse et communicative, » ainsi que la définissait en deux mots l'un de nous, le 26 décembre 1861.

Sa correspondance littéraire en porte les traces à chaque page : Dandelot de Résie réunissant les matériaux de son *Aix et Chambéry;* l'abbé Dufour, M. Bonnefoy, Costa, Cibrario, Secrétan, Félix Platel que nous citions tout à l'heure, Gault, Pouchet, rédacteurs du *Courrier*, à l'époque où il représentait le mieux la majorité du pays, Ch. Gruat et bien d'autres encore.

Pouvant bien considérer l'histoire de notre province comme son domaine, « et par droit de naissance et par droit de conquête, » portant dans ses études toute l'ardeur du patriotisme, et cependant « vingt fois sur le métier remettant son ouvrage, » attendant, s'il le fallait, des années et des années telle petite lumière absente, faut-il s'étonner s'il admettait difficilement qu'un autre improvisât en quelques mois ce que lui ne trouvait pas achevé après trente ans? Et si, à compter ainsi, on attendrait longtemps et peut-être toujours, s'il est bon qu'il y ait des travailleurs plus rapides, moins lents à se tenir pour satisfaits, si enfin certaines témérités ont leurs côtés heureux et profitables, félicitons-nous que d'autres placent avant tout la certitude, et ne risquent jamais un second pas sans avoir assuré le premier.

Toujours prêt à faire succéder l'aide à la critique, consacrant au besoin des heures et des jours, et multipliant les démarches pour élucider un point où l'on était arrêté, la rigueur même de son examen était la preuve la plus précieuse de l'intérêt que lui inspirait un travail.

Pour Chapperon, la camaraderie académique était, dans toute la force du terme, une mutualité intellectuelle, où chacun était appelé à compléter son collègue : quelque chose comme ces Ordres où le religieux prie son voisin de lui administrer la discipline et lui rend à son tour le même service. De son côté, il recherchait ce contrôle même pour les œuvres qu'il ne destinait pas à l'insertion dans nos Mémoires : c'est ainsi qu'il y recourut pour son *Chambéry au* XIV*e siècle*, quoique décidé à demander pour cet ouvrage des conditions typographiques spéciales à Louis Perrin, le grand éditeur lyonnais. Ainsi encore, lorsque l'une de ses études de prédilection, celle de *Montmayeur*, subit une refonte complète sous l'analyse consciencieuse de l'un de nos collègues aidé de documents nouveaux, Chapperon fut le premier à se réjouir de ce surcroît de lumière dirigé par un autre sur un point resté obscur malgré ses propres recherches.

Au Conseil municipal, comme à l'Académie, Chapperon arriva tard, et seulement quand ce mandat fut électif ; mais là aussi, il retrouvait en quelques enjambées le temps perdu ; et il était maintenu au Conseil à chaque élection, quelle que fut la nuance politique portée par la majorité, parce que son habileté et sa diligence en faisaient un administrateur nécessaire en dehors de toute acception de partis. C'est qu'il avait préludé de longue main à ce rôle actif ; il avait donné la mesure de son civisme à la fois archéologique et pratique dans son *Guide*, et dans ses nombreux articles de journaux sur le maintien de la promenade historique du *Verney* et le meilleur emplacement du *Palais de Justice*, sur le *jeu de paume*, sur la *chapelle du cimetière*, sur la nécessité d'ouvrir des *entrées aux routes* de France, de Genève et d'Italie, sur la conservation de la *tour du Château*, etc.... Arrivé au Conseil, il inspecte avec sollicitude les écoles municipales et réclame hautement les nominations des titulaires aux chaires de mécanique et de physique appliquée ; il règlemente le théâtre, soutient l'impôt sur les cabarets, obtient l'ouverture de la rue de l'Asile, à laquelle se liait la création même de cet établissement. Il défend l'organisation modèle du corps des pompiers. Il va plaider à Lyon et à Turin la percée de Lépine. La province le nomme commissaire pour l'exposition universelle de 1867 et pour l'aliénation de Brides et Salins.

C'est que le mandat administratif n'est pas pour lui une charge limitée à tel jour, à telle heure, à tel lieu... C'est un ministère qui le suit partout : la cause qu'il a défendue officiellement au Conseil, il va s'en faire, au sortir de la séance, l'avocat officieux dans la presse locale ; il en assurera le succès par toute son influence, par toutes ses relations. Voir ce triomphe lui suffit, et il ne se préoccupe point de l'honneur qui lui en peut revenir ; il laisse ses articles de journaux sous le couvert de la rédaction ou sous les pseudonymes Y., ou X-Z. ; « ne répondant pas au salut » quand on le complimente sur eux [1] ; également prêt à engager sa responsabilité quand elle peut aider au succès, comme à l'effacer quand elle n'ajouterait rien à la force des arguments ; éminemment *partisan*, mais dans la bonne acception du mot ; et c'est là le secret de sa force incontestée.

Homme de parti ! Personne ne l'était plus et moins que lui. — Par son dévouement entier à la cause qu'il avait

---

[1] *Causeries franco-italiennes.*

embrassée, par sa parfaite abnégation personnelle, par son empressement à accepter toute mission, si laborieuse, si ingrate fut-elle, et à s'en acquitter scrupuleusement et à l'heure voulue, par sa résignation à sacrifier, s'il le fallait, une amitié pour une idée, Chapperon était essentiellement homme de parti. Mais nul ne l'était moins en cet autre sens où l'on voit tout bien chez les siens et tout mal dans l'autre camp. Reconnaître la raison même chez ses adversaires, donner tort même à un ami, ce sont là des dispositions d'esprit, des victoires de logique si diverses de ce qui se voit ordinairement, qu'elles en deviennent inintelligibles pour le grand nombre, parfois même odieuses... Comme l'a excellemment écrit Lacordaire, « il est une chose que « les partis ne pardonnent jamais : c'est la soumission « d'un des leurs à la vérité. » De telles qualités, j'ai presque dit de tels défauts, pensèrent nuire à son entrée dans la vie politique, où il devait cependant marquer, comme ailleurs, par la constance de ses travaux et par celle de ses convictions.

Avant l'émancipation politique des États sardes, exclusivement homme de cabinet, vivant beaucoup dans le passé, goûtant peu le présent, ne se mêlant à l'avenir que par des aspirations rarement manifestées, et à la chose publique seulement par des études sérieuses, Chapperon compare Montesquieu, le *Contrat social*, Louis Blanc.... Quand Charles-Albert octroie à ses peuples une Constitution, il salue avec transport cette évolution pacifique, et royaliste libéral, il se lance à la suite de son idéal dans la pleine maturité de son talent et de sa force, avec toute la confiance de sa foi. Mais au lendemain de cette période de généreux espoir et d'enthousiasme que tous ceux de son âge ont traversée, que nous nous remémorons encore avec complaisance, même après nos déceptions, averti par l'expérience, désillusionné par les crimes des ambitieux et par les fautes des écervelés, désabusé non de la liberté mais de certains libéraux, Chapperon est amené à restreindre la part du progrès au profit de l'ordre et de l'autorité. A ceux qui l'accuseront de changer, il pourra dire : Ce n'est pas moi, c'est vous ! Mais attendons.

La presse émancipée, avec de nouveaux droits, a contracté de nouvelles obligations ; Chapperon s'indigne de l'apathie de ses compatriotes : il est, avec Raymond contre *Éné Brama*, de ceux qui croient « qu'il faut aider au cocher de l'État. » Il se mêle à la pléiade grossissante des collaborateurs de la presse périodique : L. Ménabréa, Drevet, Micoud, Depoisier, A. Puget, Humbert Pillet, Cyrille Buffet, les **_** de Martin, l'Ermite des Creuses, le Meunier de Sallanches, Horatius, le Berger d'Orgeval, Elie Rectadamus, O. Sylvain et autres. Il est assidu au club initiateur d'abord, modérateur ensuite, du *Café de l'Union ;* il répète l'hymne à *la Savoie*, le chant de *la Patrie :*

Pie, Albert, Léopold, ces triumvirs sublimes !

Il rédige cette *Adresse au Roi* que couvrent en quelques heures trois mille signatures ; et l'un des promoteurs de la *Fête du Statut,* il est, au 10 février, porte-drapeau du cortége.

Mais déjà quelques points noirs se montrent au radieux horizon ; la *jeune Italie* essaie à Rome de troubler la fête de la *Consulta ;* la lutte est engagée entre Pie IX et ceux qui veulent lui faire dépasser les limites posées par son auguste caractère et sa prudence. En France, les *banquets* préparent l'explosion du 24 février, dont le contre-coup va compromettre le mouvement italien, exciter à Milan les défections, à Gênes les coupables espérances, altérer l'esprit de notre armée et provoquer les ridicules échauffourées de Belgique et de Savoie. C'en est fait : le meurtre de Rossi élève une infranchissable barrière entre la *Concordia* et son correspondant de Chambéry ; le 4 avril va lui révéler à quelle distance il est de la république rouge et des *Français quand même*.

Enfin, quand, trois jours avant l'entrée des Voraces, les bruits d'abandon de la Savoie par le Piémont, et d'invasion de bandes armées nous apportant le drapeau français, semblent se confirmer ; quand la complicité de ce double mouvement paraît devoir remonter d'une part jusqu'au ministère italien et de l'autre jusqu'au commissaire du gouvernement provisoire à Lyon, Chapperon n'hésite pas, avec quelques autres citoyens dévoués, à proposer *in extremis* le seul moyen qui semble rester à la Savoie de décliner l'annexion vorace : la proclamation provisoire d'un État indépendant. Mais cette résolution, un instant approuvée au château et à la mairie, reste vaine par l'hésitation des autorités et leur incertitude du véritable état des choses. La résistance au nom du roi, acclamée le 2 avril par la garde nationale, est bientôt aussi abandonnée pour les mêmes motifs ; et le lendemain les Voraces entrent dans Chambéry...

Vingt-quatre heures après, en dépit des prudents et des habiles, Chambéry et la Savoie s'étaient affirmés, dans une éclatante spontanéité, fidèles à leur roi, à leur patrie, à la croix blanche qui flottait en face des armées autrichiennes ; et les électeurs étaient conviés pour la première fois à envoyer à la Chambre leurs députés. Chapperon se présente à eux avec une profession de foi simple et courte: « ordre et dévouement, » voilà sa devise politique;

« désintéressement absolu, » voilà son engagement personnel. Mais, à la dernière heure, le marquis Costa se déclare prêt, s'il est élu député, à résigner son titre de sénateur ; cette option flatte les électeurs ; elle promet à la députation savoisienne le centre et le chef nécessaires à sa cohésion ; elle est accueillie par la presque unanimité.

Chapperon attendit que les électeurs revinssent à lui. — Il ne recherchait dans leur mandat aucun de ces avantages personnels, dont la convoitise enflamme d'ordinaire les compétitions. Il n'avait nul souci de cette popularité de mauvais aloi qui engendre les viles palinodies et les adulations coupables. Il était de ceux « qui aiment le peuple « pour lui et non pour eux, et cherchent son bien-être et « non ses suffrages. » Ceux-ci lui vinrent bientôt et lui furent toujours maintenus. Dès lors, soit dans ses votes, soit dans ses rares discours, soit dans les commissions où, homme d'affaires plus qu'orateur, il se sentait mieux à l'aise, soit enfin dans la presse où il vulgarisait sans relâche les idées agitées à la Chambre (question ouvrière, remplacement militaire, libre échange, protection et zone, loi électorale, rétrogrades et avancés, banque de Savoie, tenue des livres de commerce, voies ferrées, etc.) en aucun point, il ne se sépare de cette presque unanimité dont notre députation savoisienne a offert durant douze années le rare spectacle.

Mais, de 1848 à 1858, en deçà des monts comme au delà, les choses vont bien changer. — En 1848, la France, c'était le spectre rouge et, derrière lui, le socialisme ; — l'Italie, c'était la transformation pacifique des institutions par la commune entente d'un clergé comprenant son temps, de princes libéraux, d'une noblesse plus avancée que les autres classes, et d'un peuple confiant dans ces influences légitimes, ne séparant pas la cause de la liberté de celle de sa foi, et manifestant sa véritable opinion par un suffrage sagement restreint. C'était aussi, chez les hommes d'État les plus éminents, une tendance marquée vers un fédéralisme respectant les autonomies locales.

En 1858, au contraire, les annexions romaines avaient troublé les consciences; les meneurs semblaient alors pousser le pays à un quatre-vingt-douze que la Savoie avait déjà fait avec la France, et qu'elle ne se souciait pas de recommencer avec l'Italie ; enfin, les doctrinaires de la révolution aspiraient à centraliser et unifier toutes les tendances provinciales en une absorption collective. Or, dans cette Italie unifiée, il n'y avait plus place pour notre province; notre petite mais glorieuse nationalité ne pouvait abdiquer que dans l'unité française. Le roi et ses ministres le comprenaient : soit cette conviction, soit par une conséquence diplomatique de l'intervention, la Savoie allait être déliée de son serment de fidélité.

La France, de son côté, à l'apogée de la fortune impériale, éblouissait le monde par le spectacle d'une prospérité sous laquelle peu devinaient alors le ver rongeur, et dont les débris, par une merveilleuse élasticité, se reformeront de jour en jour dès le lendemain de sa défaite.

Le 28 juillet 1859, Chapperon était, à Annecy, l'un des douze signataires de cette *Déclaration de ligne de conduite de la députation savoisienne*, qui faillit valoir à ses auteurs des poursuites pour haute trahison. Chapperon était devenu séparatiste : entre deux absorptions, il choisissait la seule naturelle. Mais, le 15 février 1860, toujours fidèle au culte de sa chère province, il protestait hautement contre son démembrement en faveur de la Suisse, idée qui avait alors des partisans dans la Haute-Savoie, et, dit-on, même aux Tuileries. Le royaliste constitutionnel s'était-il pour autant laissé fasciner par le *césarisme?* Je le suis pas à pas dans ses *Éphémérides :* il accompagne le sénateur Laity dans sa marche triomphale, et se réjouit patriotiquement aux promesses de l'annexion : cela n'empêche pas que, quatre mois après, il ne constate la réserve de l'accueil fait à l'empereur en Savoie et à Chambéry, et, au 28 janvier 1862, mentionnant le discours du Trône, il ajoute ces trois mots : « *Verba et voces.* »

Mais il avait accepté sans arrière-pensée et définitivement les lois et les institutions de notre nouvelle patrie ; s'attachait à les faire connaître et aimer de ses concitoyens, à ménager leurs susceptibilités locales, à hâter la fusion qui ne se décrète pas comme l'annexion, mais qui résulte d'égards mutuels basés sur l'estime et le respect réciproques. *Allobroges* et *Gaulois* se rencontraient à ses *mercredis ;* et durant sept années, il a servi avec dévouement son pays par la France, et la France par son pays, sur le multiple terrain de la sociabilité, de la magistrature, de l'administration locale et de la science.

Car, à travers tant de diversions intérieures, il continue à grossir cette masse de documents de toutes sortes, si étonnante pour l'investigateur. Le secret de cette activité qui fit de lui « le plus rude travailleur de la Savoie [1] » je le trouve dans son organisation physique et morale remarquablement adaptée au travail ; je le trouve aussi dans sa méthode et dans le cadre où il se mouvait.

Quel milieu, en effet, plus propice à cette vie également partagée entre la recherche des choses passées et les soins du présent ? — Dans un site singulièrement pittoresque, à la fois solitaire et animé, retentit le bruit des métiers tissant les gazes de Chambéry ; l'eau dont la

---

[1] *Causeries franco-italiennes.*

chûte met en mouvement la filature, murmurait tout à l'heure sous les hautes herbes entre les stalagmites de Saint-Martin. Si l'on gravit la colline, Chambéry s'étale tout entier sous les yeux de l'archéologue depuis son vieux château gothique jusqu'à Lémenc plus vieux encore ; et assis sur la pierre sacrée des *Trois Maries*, il voit à ses pieds le cloître antique de *Marie Égyptienne*.

Entre deux massifs de magnifiques sapins, voici la gracieuse villa bâtie en 1823 par Jacques Pregliasco, architecte du théâtre. Dans l'ample vestibule, une table immense supporte vingt dossiers divers : c'est la cause pendante au Tribunal de Commerce, avec son *plumitif* capricieusement illustré de dessins fantaisistes ; c'est quelque demande généalogique avec ses arbres de famille dressés sur de grandes feuilles volantes dont nous avons compté des milliers, un vieux parchemin déchiré, un sceau découpé sur une enveloppe de lettre ; c'est encore une page de tel ou tel fief s'apprêtant à rejoindre les autres ; c'est un rapport sur la question à l'ordre du jour municipal, un article pour le journal du lendemain, une correspondance industrielle... A chacun de ces dossiers correspond un siège, un encrier, une plume : le travailleur voyage à son gré de l'un à l'autre et se délasse d'une occupation par une autre occupation. — Mais partout vous retrouvez cette écriture à lui, et dont on peut bien dire que l'écriture c'est l'homme : d'une originalité qui défie toute assimilation ; faisant d'abord songer aux hiéroglyphes égyptiens ou aux caractères chinois, puis, après quelques instants d'attention, précise et nette à ne jamais laisser de doute ; toujours semblable à elle-même et comme stéréotype dès ses cahiers d'étudiant à l'Université de Turin jusqu'à la dernière ligne de ses *Éphémérides ;* reflétant, en un mot, son originalité et sa constance, son premier abord énigmatique et la sûreté ultérieure de son commerce.

L'heure l'appelle à la mairie ou au tribunal. Le voyez-vous lisant un journal le long du chemin, ou coupant au plus court et diagonalement d'un angle de la place à l'autre, méconnaissant à dessein ses amis, et comme protestant d'avance contre toute interruption.

Le réclame-t-on à la fabrique ? Cette diversion va détendre son cerveau qui commençait à se lasser : il traverse la terrasse un livre à la main, son grand front chauve au vent, sa tête socratique inclinée, jouant comme Montaigne avec ses chats favoris, ou contemplant dans un lichen ou une fleur quelque harmonie racontée par Bernardin de Saint-Pierre. Ah! il ne coupe plus au court : il savoure avec délices quelques minutes de flânerie bocagère : archéologie et procès sont oubliés ; il les retrouvera tout à l'heure.

C'est dans ce milieu où chacun, à l'exemple d'une compagne digne de le comprendre, se conformait à ses allures ; c'est là que gît en partie son secret pour faire tenir dans une journée ce qui aurait défrayé la semaine d'un autre, et pour pouvoir encore, le soir, après son dîner, après une de ces lectures intimes où il excellait, dans le dernier volume d'Alphonse Karr, d'Alfred de Musset ou de Méry, après une rapide apparition au cercle, commencer à minuit quelque étude recueillie qui le conduira souvent jusqu'à l'aube.

Car (et c'est là l'autre moitié de son secret) Chapperon avait assez de trois ou quatre heures de sommeil : rarement couché avant trois heures du matin, on le retrouvait debout à l'heure de tout le monde. Longtemps sa santé suffit à cette étrange consommation : singulièrement robuste, indifférent aux saisons, il eut porté tout l'hiver son habit de coutil et son chapeau de paille, si l'on n'y eût pris garde pour lui ; son repas, obligatoirement servi à l'heure sonnante, l'attendait indéfiniment.

Malheureusement, quand il sentit ses forces décliner, l'habitude était prise et joignait sa tyrannie à son insatiable besoin de travail. Il prolongeait alors la veille par des secours qui ne devenaient ordinaires qu'aux dépens de sa vitalité, et la déchéance arriva rapidement lorsqu'il pouvait se supposer aux deux tiers seulement de son existence.

Vers la fin de l'été de 1867, un œil attentif ou exercé pouvait remarquer des signes inquiétants. « Je ne sais comment cela se fait, nous disait le docteur Dénarié, mais cet homme fond. » Le 15 octobre nous dînâmes encore ensemble, il fit sa partie au whist et prit congé de moi en me reconduisant avec des démonstrations plus affectueuses que de coutume. Le 18, j'étais rappelé en hâte de ma campagne où les occupations de la saison m'avaient entraîné : je passai la nuit auprès de lui. Le lendemain matin, il voulut descendre au salon ; nous l'y installâmes dans un fauteuil. Ses parents, ses amis, vinrent le voir et se succédèrent dès lors auprès de lui avec un fidèle et triste empressement. Il les recevait avec son enjouement familier, ne laissant pas échapper une plainte ni le moindre signe d'impatience, quoique sa respiration fût difficile, et cette souffrance compliquée d'autres symptômes aussi énervants que douloureux. Il me les décrivait en latin pour ne pas attrister les siens.

Le dimanche 20, au milieu du jour, il voulut voir le notaire et lui dicta ses dispositions. Un peu après, comme le marquis d'Oncieu lui expliquait l'absence de notre excellent secrétaire perpétuel, l'un de ses meilleurs amis : « Oh ! fit-il, ce sont les mauvaises langues qui accusent Chamousset de s'absenter. » Ce fut sa dernière plaisanterie.

Vers les six heures du soir, le cardinal Billiet vint s'entretenir quelque temps avec lui, et on put constater la satisfaction profonde que cette visite avait apportée au malade. Il voulut ensuite recevoir les derniers sacrements... Ici, Messieurs, vous vous posez à vous-mêmes une question ; j'y veux répondre comme si vous me la formuliez.

Chapperon avait près de quinze ans déjà lorsqu'il aborda le collége. Jusque-là, son père, homme habile et honnête, mais déiste, avait voulu présider personnellement et exclusivement à l'éducation de son fils unique dont il avait discerné les dons remarquables ; mais il l'éleva selon les principes de l'*Émile* et le lança ensuite à la recherche de la vérité, voyage ardu et long quand la foi n'en abrége pas la première étape.

L'atmosphère voltairienne de 1830 dut maintenir sa jeunesse universitaire dans les mêmes dispositions, et 1847 l'y retrouvait probablement encore. Mais on ne l'entendit jamais attaquer une croyance, ni blesser les convictions religieuses de son interlocuteur. Aussi, le jour où les Jésuites furent jetés brutalement à la porte de leur collége de Chambéry, il s'indignait, avec notre population, contre les agents trop zélés qui n'avaient su ou voulu adoucir l'injustice de la loi par les égards dont son exécution était susceptible. Son âme honnête et droite condamna de même la scandaleuse incamération d'Hautecombe. Quand le décret Persigny atteignit dans la Société de Saint-Vincent de Paul la liberté de la charité, je l'entendis protester hautement contre certains applaudissements donnés devant lui à cette mesure. Son dernier rapport au Conseil municipal fut pour défendre l'enseignement des Frères ; il ne laissa que quatre voix à ceux qui les avaient mis en suspicion.

C'est que, pour lui, la liberté de conscience n'était pas

une arme de parti : il la respectait dans sa plus large acception. Aussi, sous la soutane d'anciens camarades, avait-il gardé de vrais amis ! Et nous l'avons vu, à l'Académie, établir des relations de plus en plus suivies avec notre vénéré président d'honneur, avec notre secrétaire perpétuel, avec MM. Vallet, Trepier, Arminjon, ces prêtres chez qui la science et la vertu se révélaient à lui au même niveau. Ne nous sera-t-il pas permis d'étendre jusqu'au domaine intime et mystérieux de la conscience, cette « utile et bienfaisante action » que M. Blanchard affirmait tout à l'heure de notre Compagnie, hommage qui aura réjoui là haut ses premiers fondateurs.

Vers le soir de cette journée laborieuse, où Chapperon avait pourvu à tout ce qu'il allait quitter et à tout ce qu'il s'apprêtait à affronter, comme je lui parlais de ces soins multiples, des nuits sans sommeil qui avaient précédé, et de la lassitude qu'il en devait éprouver, lui, d'une voix douce et calme : « Quand une chose est nécessaire, il ne faut pas regarder si elle fatigue !... » Messieurs, notre ami se retrouve tout entier dans cette simple réponse.

Encore un souvenir : N'avez-vous point lu quelque part la légende de ce bénédictin, qui avait passé sa vie à copier des manuscrits, et en avait, plus d'une fois, oublié son office, peut-être même sa messe. Au moment où il comparaît devant le Souverain Juge, entre le diable et son bon ange, le pauvre moine entend le démon nombrer toutes ses négligences; à chaque faute, l'ange oppose une ligne du laborieux copiste ; Dieu additionne la double statistique.... O bonheur ! les écritures l'emportent de quelques mots sur le chiffre des péchés, et le moine est sauvé ! Cette légende me revenait à l'esprit, tandis que je soutenais sa tête appesantie. Je la lui contai ; il sourit, et sa main défaillante chercha encore une fois la mienne pour la presser.

Le lundi, ses réponses devenaient difficiles ; son regard seul et le mouvement de sa tête allaient encore de l'un à l'autre autour de lui, et semblaient nous dire adieu et merci. Mardi, 22 octobre 1867, à quatre heures du matin, il expirait, et sa physionomie révélait ce calme presque souriant qui suit la mort sans agonie. Le lendemain, ses funérailles et tous les journaux du pays, en confondant tous les partis dans un regret unanime, disaient quelle perte Chambéry venait de faire.

Pardon, Messieurs, si, dans un jour, qui est pour notre Académie une fête, je vous ai retenu comme à plaisir en face de ces funèbres images. Parvenus à certaine époque de la vie, une curiosité impérieuse nous attire vers les derniers moments d'un homme de valeur. Comme l'écrivait naguère M. d'Haussonville, « dans cette lutte qui se « poursuit pendant toute la durée de l'existence entre le « principe du bien et le principe du mal, il y a toujours « un vaincu et un victorieux. La vie ne nous laisse jamais « au point où elle nous a pris; elle nous abaisse ou nous « élève; et l'on monte ou l'on descend avec elle les degrés « de l'échelle [1].... » Un tel spectacle ne manque jamais d'intérêt ni de grandeur; mais il recèle une douceur suprême, lorsque celui que nous contemplons, a monté pas à pas et sans cesse dans l'estime des amis des lettres et de leur pays, dans celle des gens de bien et des hommes de foi.

[1] *Revue des Deux-Mondes* : Écrivains contemporains. 15 février 1875.

NOTE. — Il était ainsi proche parent, par son père, de M. le président Dupasquier, et allié, par sa mère, aux familles Bonjean, Milliet de Saint-Alban et Boyer. Le général Henri-Jacques-Jean Boyer avait épousé, en 1794, à Chambéry, Mlle Marie Sanctus. Il devint successivement commandant dans la Légion d'honneur et baron de l'Empire. Des enfants nés de son mariage sont issus Jacques-Alcide Boyer-Repés, capitaine de frégate, Henri-Jacques-Louis Rayat, capitaine de cavalerie, Joseph-Timoléon-Alexis Rayat, etc.

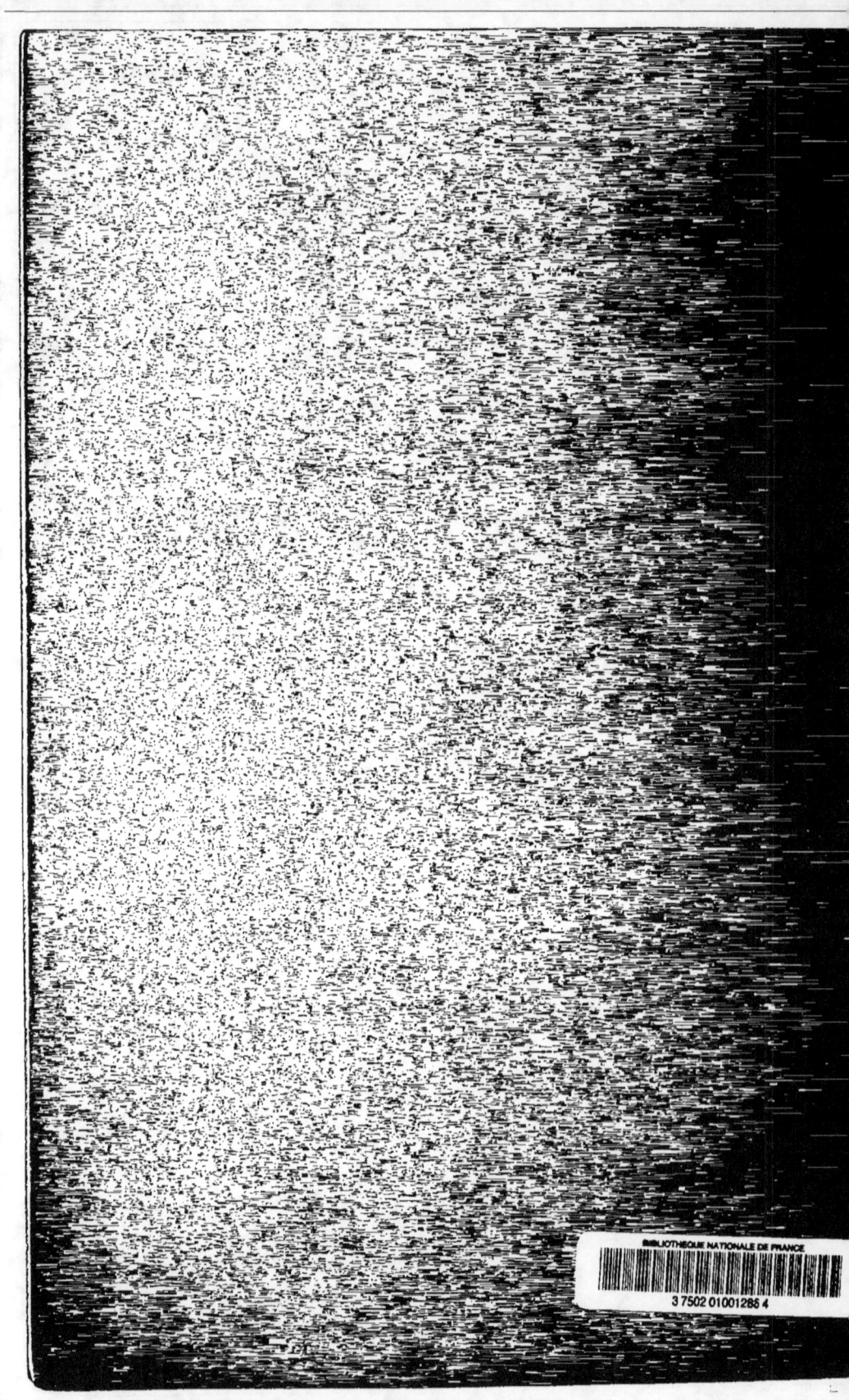

www.ingramcontent.com/pod-product-compliance
Lightning Source LLC
LaVergne TN
LVHW051507090426
835512LV00010B/2386